AF188318

Impressum
Verlag: BABADADA GmbH, Nedderfeld 112 , 22529 Hamburg
Geschäftsführer / Verlagsleitung: Harald Hof
Druck: Books on Demand GmbH, In de Tarpen 42, 22848 Norderstedt

Imprint
Publisher: BABADADA GmbH, Nedderfeld 112 , 22529 Hamburg, Germany
Managing Director / Publishing direction: Harald Hof
Print: Books on Demand GmbH, In de Tarpen 42, 22848 Norderstedt

okul

בית ספר

sınıf
כיתה
böl
חילק
186/2
tahta
לוח
okul bahçesi
öğretmen
מורה
kağıt
נייר
yazmak
כתב
kalem
עט
masa
שולחן עבודה
cetvel
סרגל
kitap
ספר
öğrenci
תלמיד

okul çantası

ילקוט

kalemlik

קלמר

kurşun kalem

עיפרון

kalem açacağı

מחדד

silgi

גומי מחיקה

çizim defteri

חוברת סרטוט

çizim

סרטוט

resim fırçası

מברשת

boya kutusu

קופסת צבעים

makas

מספריים

tutkal

דבק

alıştırma kitabı

ספר תרגול

ödev

שיעור בית

sayı

מספר

ekle

חיבר

çıkar

חיסר

çarp

הכפיל

hesapla

חישב

harf

אות

alfabe

אלפבית

hello

kelime

מילה

metin

טקסט

okumak

קרא

tebeşir

גיר

ders

שיעור

kayıt

יומן נוכחות

sınav

מבחן

sertifika

תעודה

okul forması

תלבושת בית ספר

eğitim

חינוך

ansiklopedi

אנציקלופדיה

üniversite

אוניברסיטה

mikroskop

מיקרוסקופ

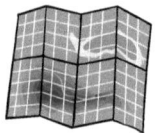

harita

מפה

kağıt çöp kutusu

סל נייר

seyahat

נסיעה

otel
מלון
pansiyon
הוסטל
döviz bürosu
המרת מטבע
bavul
מזוודה
otomobil
אוטו

dil

שפה

evet / hayır

כן / לא

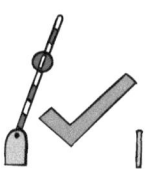

Tamam

בסדר

merhaba

שלום

çevirmen

מתרגם

Teşekkür ederim

תודה

bu ... ne kadar?

כמה עולה.....?

anlamadım

אני לא מבין

problem

בעיה

İyi akşamlar!

ערב טוב!

Günaydın!

בוקר טוב!

İyi geceler!

לילה טוב!

güle güle

להתראות

yön

כיוון

bagaj

כבודה

çanta

תיק

sırt çantası

תרמיל גב

misafir

אורח

oda

חדר

uyku tulumu

שק שינה

çadır

אוהל

turist danışma

מרכז מידע לתיירים

sahil

חוף ים

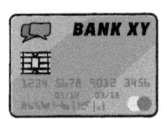

kredi kartı

כרטיס אשראי

kahvaltı

ארוחת בוקר

öğle yemeği

ארוחת צהריים

akşam yemeği

ארוחת ערב

Bilet

כרטיס

asansör

מעלית

pul

בול

sınır

גבול

gümrük

מכס

elçilik

שגרירות

vize

אשרה

pasaport

דרכון

ulaşım

תחבורה

uçak
מטוס
gemi
אונייה
yangın söndürme pompası
כבאית
kamyon
משאית
otobüs
אוטובוס
motorlu tekne
סירת מנוע
bisiklet
אופניים
otomobil
אוטו

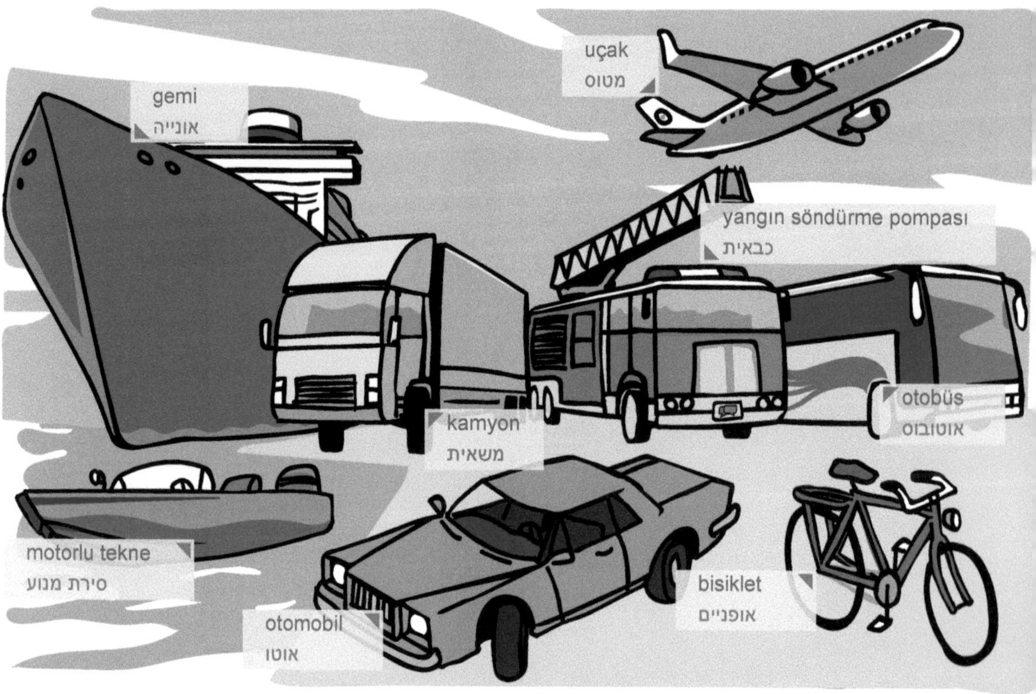

feribot

מעבורת

bot

סירה

motosiklet

אופנוע

polis arabası

ניידת משטרה

yarış arabası

מכונית מרוץ

kiralık araba

רכב שכור

ortak araba

מכוניות בשיתוף

çekici

אוטו גרר

çöp kamyonu

משאית זבל

motor

מנוע

yakıt

דלק

benzinlik

תחנת דלק

trafik işareti

תמרור

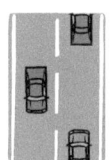

trafik

תנועה

trafik sıkışıklığı

פקק תנועה

otopark

חניה

tren istasyonu

תחנת רכבת

ray

פסי רכבת

tren

רכבת

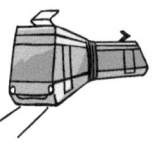

tramvay

רכבת קלה

vagon

קרון

helikopter

מסוק

havaalanı

שדה-תעופה

kule

מגדל

yolcu

נוסע

konteyner

קונטיינר

koli

קרטון

yük arabası

עגלה

sepet

סל

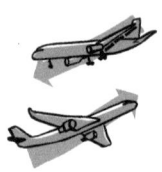

kalkış / iniş

המראה / נחיתה

şehir

עיר

köy

כפר

şehir merkezi

מרכז העיר

ev

בית

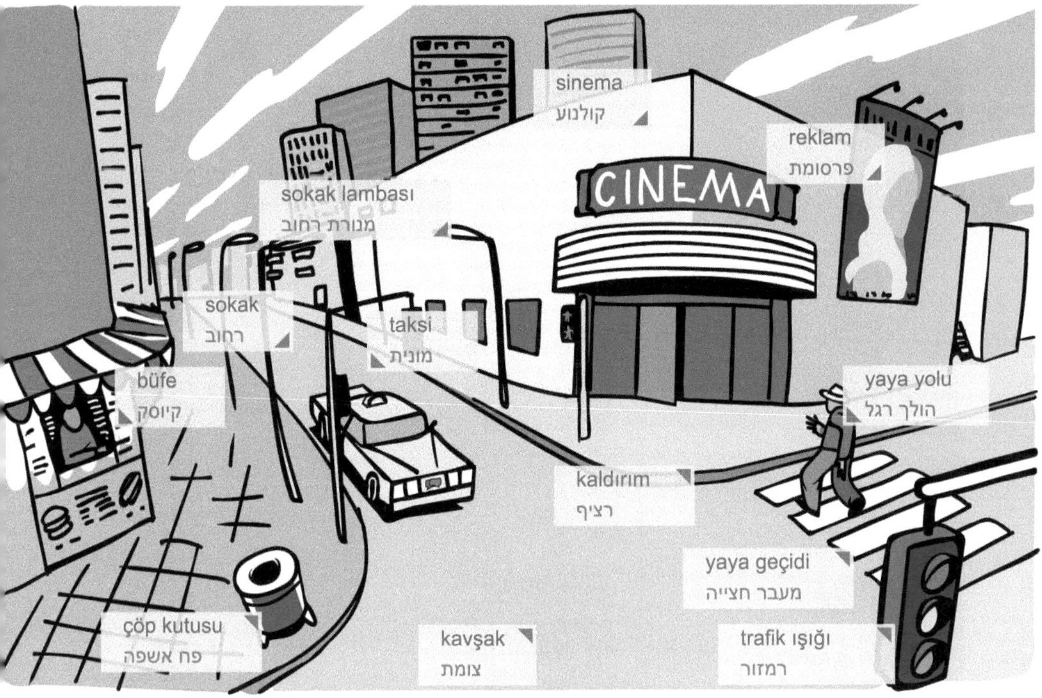

sinema
קולנוע
CINEMA
reklam
פרסומת
sokak lambası
מנורת רחוב
sokak
רחוב
taksi
מונית
büfe
קיוסק
yaya yolu
הולך רגל
kaldırım
רציף
yaya geçidi
מעבר חצייה
çöp kutusu
פח אשפה
kavşak
צומת
trafik ışığı
רמזור

kulübe

בקתה

apartman dairesi

דירה

tren istasyonu

תחנת רכבת

belediye binası

עירייה

müze

מוזיאון

okul

בית ספר

üniversite

אוניברסיטה

banka

בנק

hastane

בית חולים

otel

מלון

eczane

בית מרקחת

ofis

משרד

kitapçı

חנות ספרים

mağaza

חנות

çiçekçi

חנות פרחים

süpermarket

סופרמרקט

market

שוק

büyük mağaza

כל-בו

balık satıcısı

מוכר דגים

alışveriş merkezi

קניון

liman

נמל

park

פארק

bank

ספסל

köprü

גשר

merdiven

מדרגות

metro

רכבת תחתית

tünel

מנהרה

otobüs durağı

תחנת אוטובוס

bar

בר

restoran

מסעדה

posta kutusu

תא דואר

sokak tabelası

שלט רחוב

otopark sayacı

מדחן

hayvanat bahçesi

גן חיות

yüzme havuzu

בריכת שחיה

cami

מסגד

çiftlik
....
חווה

kirlilik
....
זיהום

mezarlık
....
בית עלמין

kilise
....
כנסייה

oyun alanı
....
מגרש משחקים

tapınak
....
בית מקדש

arazi

נוף

yaprak
עלה

yön tabelası
תמרור

yol
דרך

çayır
מרעה

taş
אבן

ağaç
עץ

yürüyüşçü
מטייל

ırmak
נהר

çimen
דשא

çiçek
פרח

vadi

בקעה

tepe

הר

ǧöl

אגם

orman

יער

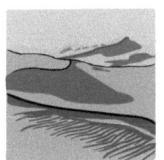

çöl

מדבר

volkan

הר געש

kale

טירה

gökkuşağı

קשת בענן

mantar

פטריה

palmiye

דקל

sivrisinek

יתוש

sinek

זבוב

karınca

נמלה

arı

דבורה

örümcek

עכביש

böcek

חיפושית

kurbağa

צפרדע

sincap

סנאי

kirpi

קיפוד

yabani tavşan

ארנב

baykuş

ינשוף

kuş

ציפור

kuğu

ברבור

yaban domuzu

חזיר בר

geyik

צבי

geyik

אייל הקורא

baraj

סכר

rüzgar türbini

טורבינת רוח

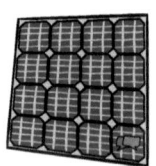

güneş paneli

פנל סולארי

iklim

אקלים

garson
מלצר

menü
תפריט

sandalye
כסא

çorba
מרק

pizza
פיצה

çatal - bıçak
סכו"ם

masa örtüsü
מפת שולחן

başlangıç
מנת פתיחה

ana yemek
מנה עיקרית

tatlı
קינוח

içecekler
שתיות

yemek
אוכל

şişe
בקבוק

fastfood

מזון מהיר

sokak yemeği

אוכל רחוב

çaydanlık

קנקן תה

şekerlik

מסכרת

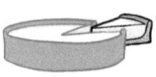

porsiyon

מנה

espresso makinesi

מכונת אספרסו

mama sandalyesi

כסא תינוק

fatura

חשבון

tepsi

מגש

bıçak

סכין

çatal

מזלג

kaşık

כף

çay kaşığı

כפית

servis peçetesi

מפית

bardak

כוס

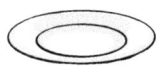

tabak

צלחת

çorba kasesi

קערת מרק

fincan altlığı

תחתית

sos

רוטב

tuzluk

מלחייה

karabiber değirmeni

מטחנת פלפל

sirke

חומץ

yağ

שמן

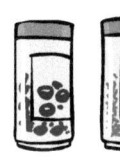

baharat

תבלינים

ketçap

קטשופ

hardal

חרדל

mayonez

מיונז

süpermarket

סופרמרקט

özel teklif
מבצע
FOR
müşteri
לקוח
süt ürünleri
מוצרי חלב
meyve
פירות
alışveriş arabası
עגלת קניות

kasap

אטליז

fırın

מאפייה

tartmak

שקל

sebze

ירקות

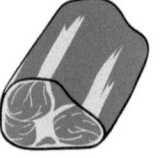

et

בשר

donmuş gıda

מזון קפוא

söğüş et

בשר קר

konserve yiyecek

שימורים

toz deterjan

אבקת כביסה

şekerlemeler

ממתקים

ev temizlik ürünleri

מוצרי בית

temizlik ürünleri

חומר ניקוי

satış görevlisi

מוכרת

yazar kasa

קופה

kasiyer

קופאי

alışveriş listesi

רשימת קניות

açılış saatleri

שעות פתיחה

cüzdan

ארנק

kredi kartı

כרטיס אשראי

çanta

תיק

plastik poşet

שקית ניילון

içecekler

שתיות

su

מים

meyve suyu

מיץ

süt

חלב

kola

קולה

şarap

יין

bira

בירה

alkol

אלכוהול

kakao

קקאו

çay

תה

kahve

קפה

espresso

אספרסו

kapuçino

קפוצ'ינו

muz
....
בננה

elma
....
תפוח

portakal
....
תפוז

kavun
....
אבטיח

limon
....
לימון

havuç
....
גזר

sarımsak
....
שום

bambu
....
במבוק

soğan
....
בצל

mantar
....
פטריות

çerez
....
אגוזים

makarna
....
אטריות

spagetti

ספגטי

pirinç

אורז

salata

סלט

cips

צ'יפס

patates kızartması

צ'יפס

pizza

פיצה

hamburger

המבורגר

sandviç

כריך

şinitzel

שניצל

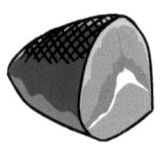

pastırma

שינקין

salam

סלאמי

sosis

נקניקיה

tavuk

עוף

rosto

טיגון

balık

דג

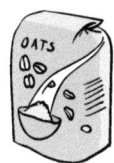

yulaf ezmesi

....

שיבולת שועל

müsll

....

מוזלי

mısır gevreği

....

קורנפלקס

un

....

קמח

kruvasan

....

קרואסון

küçük ekmek

....

לחמנייה

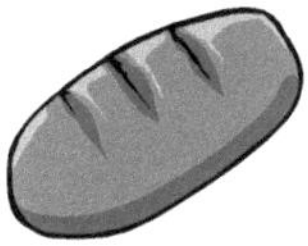

ekmek

....

לחם

tost

....

טוסט

bisküvi

....

עוגיות

tereyağı

....

חמאה

kaymak

....

גבינה לבנה

kek

....

עוגה

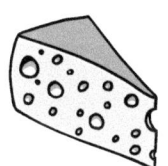

yumurta

....

ביצה

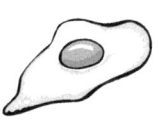

sahanda yumurta

....

ביצת עין

peynir

....

גבינה

dondurma

גלידה

şeker

סוכר

bal

דבש

reçel

ריבה

fındık ezmesi

ממרח נוגט

köri

קארי

çiftlik
חווה

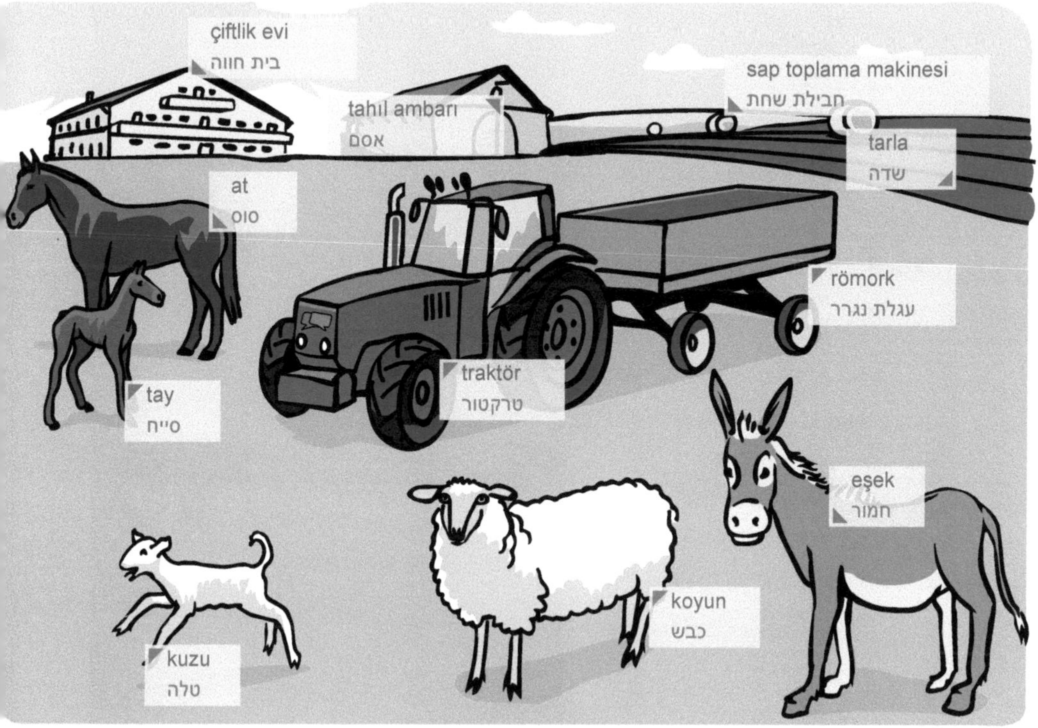

çiftlik evi
בית חווה
tahıl ambarı
אסם
sap toplama makinesi
חבילת שחת
tarla
שדה
at
סוס
rörmork
עגלת נגרר
traktör
טרקטור
tay
סייח
eşek
חמור
koyun
כבש
kuzu
טלה

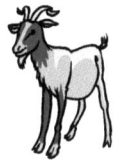

keçi

עז

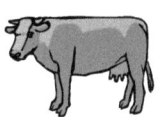

inek

פרה

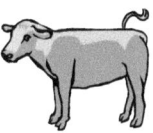

buzağı

עגל

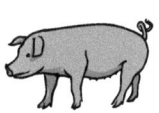

domuz

חזיר

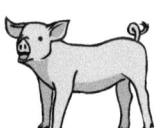

domuz yavrusu

חזרזיר

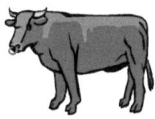

boğa

שור

kaz

אווז

ördek

ברווז

civciv

אפרוח

tavuk

תרנגולת

horoz

תרנגול

sıçan

חולדה

kedi

חתול

fare

עכבר

öküz

שור

köpek

כלב

köpek kulübesi

מלונה

bahçe hortumu

צינור השקיה

sulama kabı

קנקן מים

tırpan

חרמש

pulluk

מחרשה

orak

מגל

çapa

מגרפה

dirgen

קלשון

balta

גרזן

el arabası

מריצה

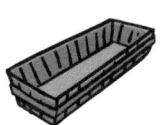

yemlik

שוקת

süt kovası

כד חלב

çuval

שק

çit

גדר

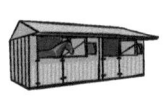

ahır

אורווה

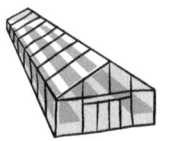

sera

חממה

toprak

אדמה

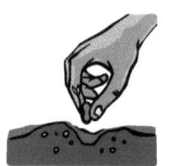

tohum

זרע

gübre

דשן

biçerdöver

מקצרה

hasat etmek

קצר

harman

קציר

tatlı patates

בטטה אפריקנית

buğday

חיטה

soya

סויה

patates

תפוח אדמה

mısır

תירס

kolza

קנולה

meyve ağacı

עץ פירות

manyok

קסבה

hububat

דגנים

ev
בית

baca
ארובה
çatı
גג
yağmur oluğu
מרזב
pencere
חלון
garaj
מוסך
kapı zili
פעמון
kapı
דלת
çöp kutusu
פח אשפה
posta kutusu
תיבת מכתבים
bahçe
גינה

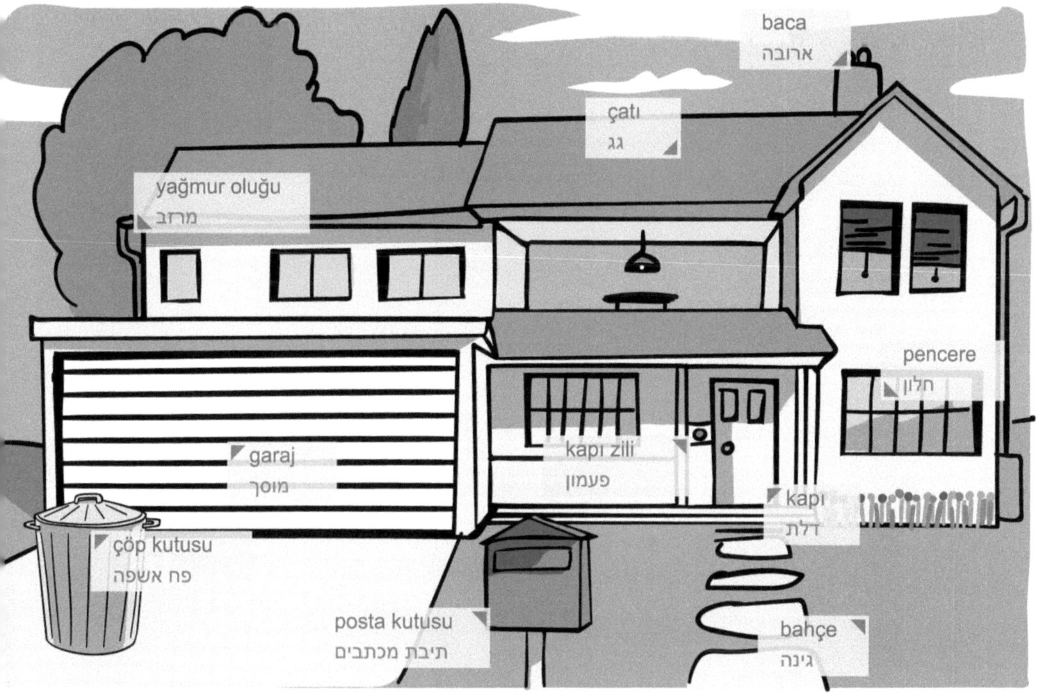

oturma odası

סלון

banyo

חדר אמבטיה

mutfak

מטבח

yatak odası

חדר שינה

çocuk odası

חדר ילדים

yemek odası

חדר אוכל

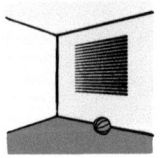

zemin

רצפה

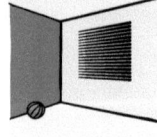

duvar

קיר

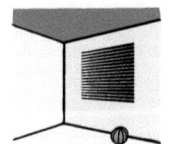

tavan

תקרה

kiler

מרתף

sauna

סאונה

balkon

מרפסת

teras

מרפסת

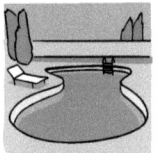

havuz

בריכה

çim biçme makinesi

מכסחת דשא

çarşaf

סדין

yatak örtüsü

כיסוי מיטה

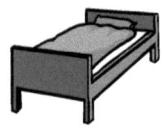

yatak

מיטה

süpürge

מטאטא

kova

דלי

anahtar

מפסק

oturma odası

סלון

duvar kağıdı
טפט
resim
תמונה
lamba
מנורה
raf
מדף
dolap
ארון
televizyon
טלוויזיה
şömine
אח
çiçek
פרח
minder
כרית
kanepe
ספה
vazo
אגרטל
uzaktan kumanda
שלט רחוק

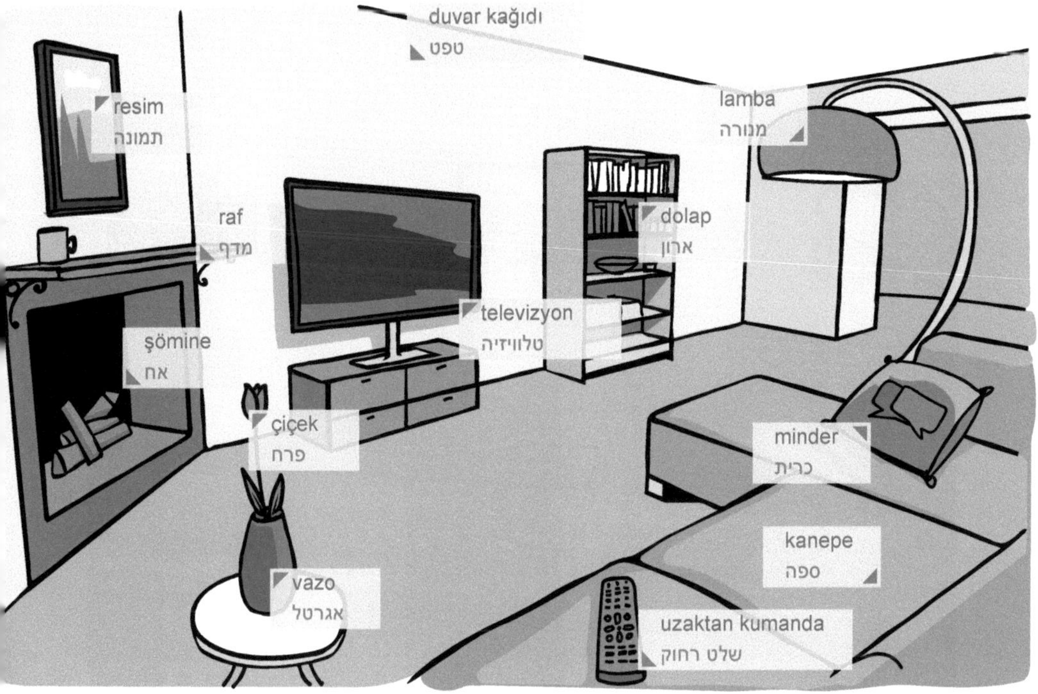

halı

שטיח

perde

וילון

masa

שולחן

sandalye

כסא

salıncaklı koltuk

כיסא נדנדה

koltuk

כורסה

kitap

ספר

battaniye

שמיכה

dekor

דקורציה

odun

עצי הסקה

film

סרט

hi-fi

מערכת סטריאו

anahtar

מפתח

gazete

עיתון

tablo

ציור

poster

פוסטר

radyo

רדיו

defter

מחברת

elektrikli süpürge

שואב אבק

kaktüs

קקטוס

mum

נר

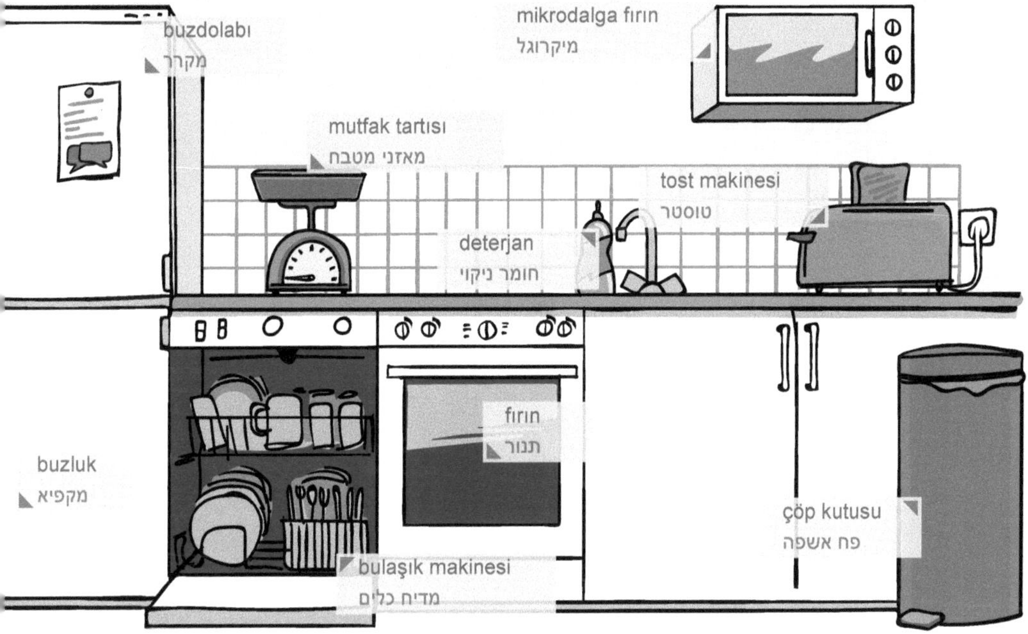

buzdolabı
מקרר

mikrodalga fırın
מיקרוגל

mutfak tartısı
מאזני מטבח

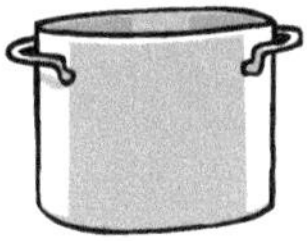

tost makinesi
טוסטר

deterjan
חומר ניקוי

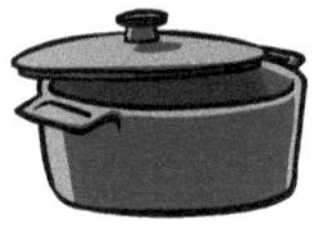

fırın
תנור

buzluk
מקפיא

çöp kutusu
פח אשפה

bulaşık makinesi
מדיח כלים

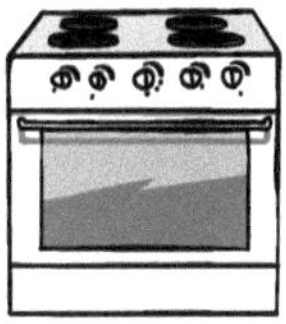

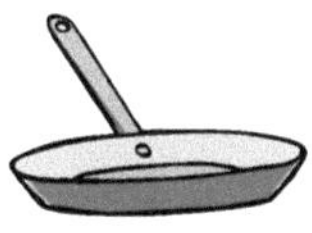

ocak	tencere	döküm tencere
תנור	סיר	סיר ברזל

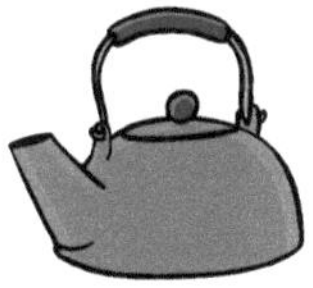

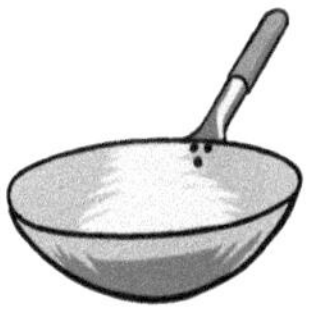 wok	tava	su ısıtıcı
ווק	מחבת	קומקום חשמלי

buharlı pişirici

מאדה

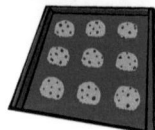

pişirme tepsisi

מגש אפייה

tabak takımı

כלי אוכל

kupa

ספל

kase

קערה

çubuk (çin yemeği)

צ'ופסטיקס

kepçe

מצקת

spatula

מרית

çırpma teli

מטרפה

süzgeç

מסננת בישול

elek

מסננת

rende

מגרדת

havan

מכתש

barbekü

גריל

açık ateş

מדורה

kesme tahtası

קרש חיתוך

merdane

מערוך

tirbüşon

פותחן פקקים

konserve kutusu

פחית

konserve açacağı

פותחן קופסאות

fırın eldiveni

מטלית

evye

כיור

fırça

מברשת

sünger

ספוג

blender

בלנדר

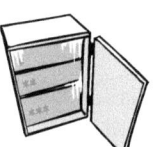

derin dondurucu

מקפיא

biberon

בקבוק לתינוק

musluk

ברז

banyo

חדר אמבטיה

ısıtma
חימום
duş
מקלחת
havlu
מגבת
duş perdesi
וילון מקלחת
köpük banyosu
אמבטיית קצף
küvet
אמבטיה
bardak
כוס
çamaşır makinesi
מכונת כביסה
musluk
ברז
fayans
אריחים
lazımlık
סיר לילה
evye
כיור

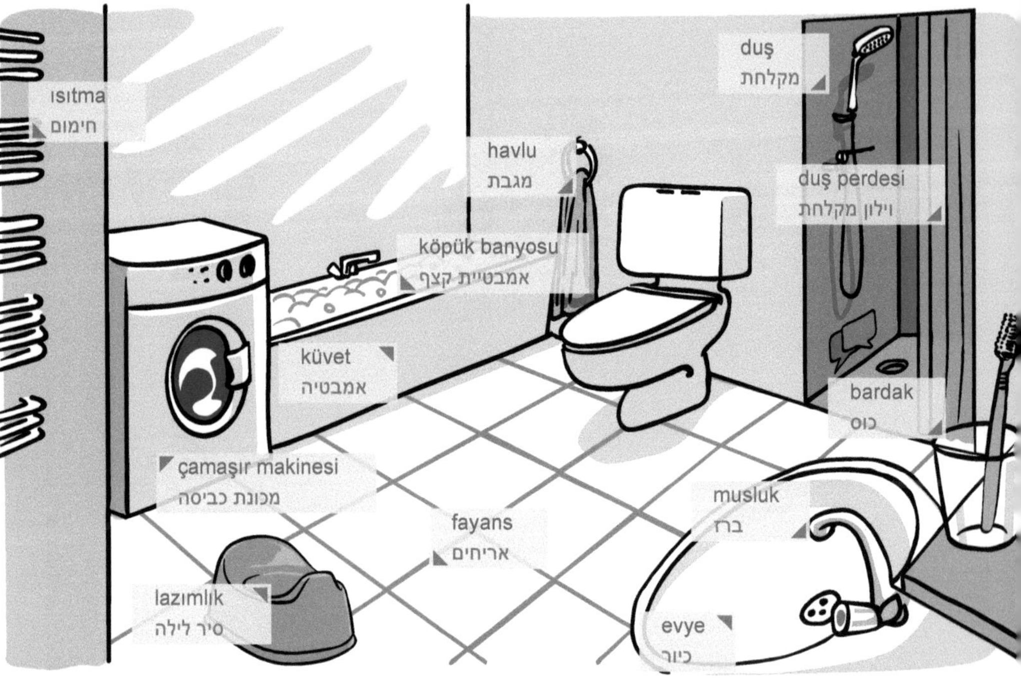

tuvalet

אסלה

alaturka tuvalet

אסלת כריעה

bide

בידה

pisuvar

משתנה

tuvalet kağıdı

נייר טואלט

tuvalet fırçası

מברשת אסלה

diş fırçası

מברשת שיניים

diş macunu

משחת שיניים

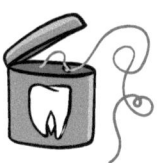

diş ipi

חוט דנטלי

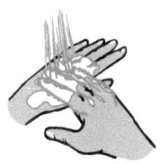

yıkamak

שטף

duş başlığı

מקלחת יד

duş başlığı şeklinde taharet musluğu

צינור שטיפה לשירותים

küvet

קערת רחצה

banyo fırçası

מברשת גב

sabun

סבון

duş jeli

ג'ל רחצה

şampuan

שמפו

banyo lifi

ליפה

gider

ניקוז

krem

קרם

deodorant

דיאודורנט

ayna

מראה

el aynası

מראת יד

jilet

סכין גילוח

tıraş köpüğü

קצף גילוח

tıraş losyonu

אפטרשייב

tarak

מסרק

fırça

מברשת

saç kurutma makinesi

מייבש שיעור

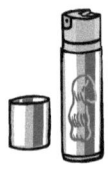

saç spreyi

ספריי לשיער

makyaj

איפור

ruj

שפתון

tırnak cilası

לק

pamuk

צמר גפן

tırnak makası

מספריים לציפורניים

parfüm

בושם

makyaj çantası

תיק כלי רחצה

tabure

שרפרף

tartı

משקל

bornoz

חלוק רחצה

lastik eldiven

כפפות גומי

tampon

טמפון

kadın pedi

תחבושת סניטרית

kimyevi tuvalet

שירותים כימיקליים

çocuk odası

חדר ילדים

çalar saat
שעון מעורר
peluş oyuncak
צעצוע חיבוק
oyuncak araba
מכונית צעצוע
çıngırak
רעשן
bebek evi
בית בובות
hediye
מתנה

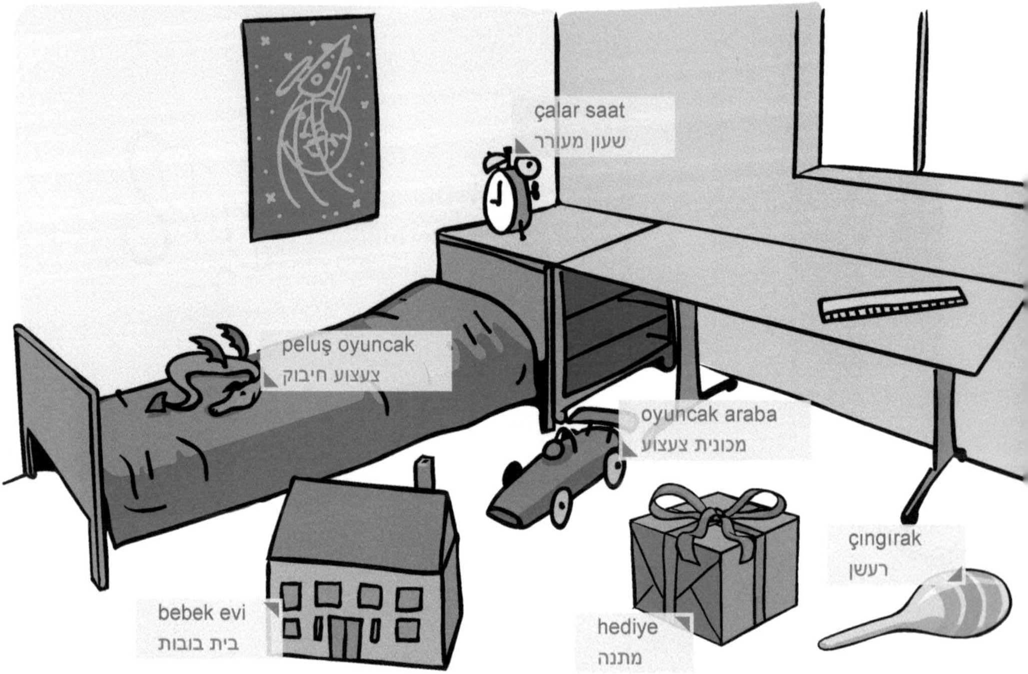

balon

בלון

yatak

מיטה

bebek arabası

עגלה

kart destesi

משחק קלפים

yapboz

פאזל

çizgi roman

קומיקס

lego tuğlaları

לגו

lego blokları

קוביות משחק

aksiyon figürü

דמות משחק

zıbın

סרבל תינוקות

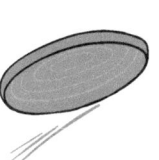

frizbi

פריזבי

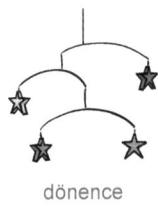

dönence

נייד

masa oyunu

משחק לוח

zar

קוביה

model tren seti

רכבת צעצוע

emzik

מוצץ

parti

מסיבה

resimli kitap

אלבום תמונות

top

כדור

oyuncak bebek

בובה

oynamak

שיחק

kum havuzu

ארגז חול

salıncak

נדנדה

oyuncaklar

צעצועים

video oyun konsolu

קונסולת משחקים

üç tekerlekli bisiklet

אופניים תלת גלגלי

oyuncak ayı

דובון

gardırop

ארון בגדים

kıyafet

בגדים

çorap

גרביים

külotlu çorap

גרביונים

tayt

גרביון

eşarp
צעיף

şemsiye
מטריה

tişört
חולצת טי

kemer
חגורה

bot
מגפיים

terlik
נעלי בית

spor ayakkabı
נעלי ספורט

sandalet
סנדלים

ayakkabı
נעליים

lastik çizme
מגפי גומי

külot
תחתונים

sütyen
חזייה

yelek
וסט

kıyafet - בגדים   45

dar bluz

גוף

pantolon

מכנסיים

kot pantolon

ג'ינס

etek

חצאית

bluz

חולצה מכופתרת

gömlek

חולצה

kazak

אפודה

süveter

סווצ'ר עם קפוצ'ון

blazer

בלייזר

ceket

ז'קט

mont

מעיל

yağmurluk

מעיל גשם

kostüm

תלבושת

elbise

שמלה

gelinlik

שמלת כלה

takım elbise

חליפה

gecelik

כותונת לילה

pijama

פיג'מה

sari

סארי

baş örtüsü

מטפחת ראש

türban

טורבן

burka

בורקה

kaftan

קאפטן

çarşaf

עבאיה

mayo

בגד ים

erkek mayosu

בגד ים

şort

מכנסיים קצרים

eşofman

בגד אימון

önlük

סינר

eldiven

כפפות

düğme

כפתור

gözlük

משקפיים

bilezik

צמיד יד

kolye

שרשרת

yüzük

טבעת

küpe

עגיל

kep

כובע

portmanto

קולב

şapka

כובע

kravat

עניבה

fermuar

רוכסן

kask

קסדה

pantolon askısı

כתפיות

okul forması

תלבושת בית ספר

üniforma

מדים

mama önlüğü

מפית אוכל

emzik

מוצץ

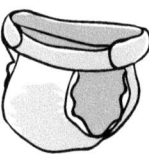

bebek bezi

חיתול

ofis

משרד

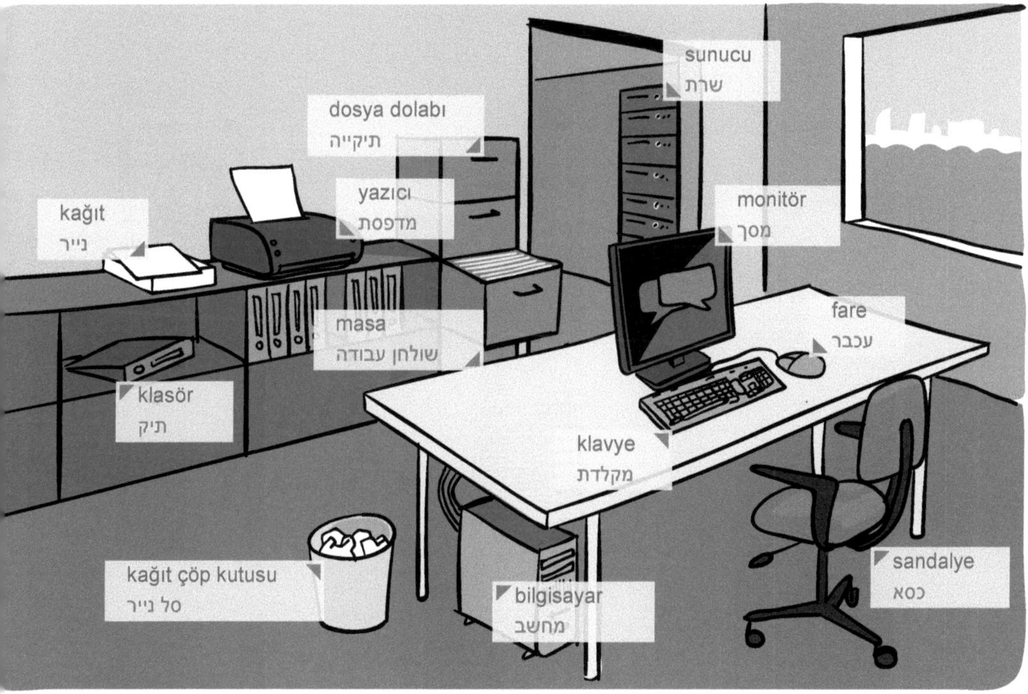

sunucu
שרת

dosya dolabı
תיקייה

yazıcı
מדפסת

monitör
מסך

kağıt
נייר

fare
עכבר

masa
שולחן עבודה

klasör
תיק

klavye
מקלדת

kağıt çöp kutusu
סל נייר

sandalye
כסא

bilgisayar
מחשב

kahve fincanı

ספל קפה

hesap makinesi

מחשבון

internet

אינטרנט

dizüstü

מחשב נייד

mektup

מכתב

mesaj

הודעה

cep telefonu

נייד

ağ

רשת

fotokopi makinesi

מכונת צילום

yazılım

תוכנה

telefon

טלפון

priz

שקע

faks makinesi

פקס

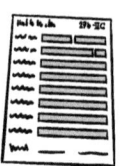

form

טופס

belge

מסמך

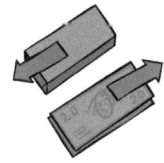

ekonomi
כלכלה

satın almak

קנה

ödemek

שילם

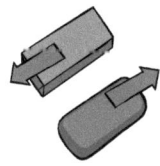

ticaret yapmak

סחר

para

כסף

dolar

דולר

avro

יורו

yen

ין

ruble

רובל

İsviçre frangı

פרנק שווייצרי

Çin yuanı

יואן רנמינבי

rupi

רופי

kasa

כספומט

döviz bürosu

המרת מטבע

altın

זהב

gümüş

כסף

petrol

נפט

enerji

אנרגיה

fiyat

מחיר

kontrat

חוזה

vergi

מס

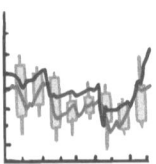

menkul değer

מנייה

çalışmak

עבד

işveren

עובד

işçi

מעסיק

fabrika

מפעל

mağaza

חנות

meslekler

מקצועות

polis memuru
שוטר
itfaiyeci
כבאי
aşçı
טבח
doktor
רופא
pilot
טייס

bahçıvan

גנן

marangoz

נגר

terzi

תופרת

hakim

שופט

kimyager

כימאי

aktör

שחקן

otobüs şoförü

נהג אוטובוס

taksi şoförü

נהג מונית

balıkçı

דייג

temizlikçi

עובדת נקיון

çatı ustası

מתקן גגות

garson

מלצר

avcı

צייד

boyacı

צייר

fırıncı

אופה

elektrikçi

חשמלאי

inşaatçı

עובד בניין

mühendis

מהנדס

kasap

קצב

muslukçu

אינסטלטור

postacı

דוור

asker

חייל

mimar

אדריכל

kasiyer

קופאי

çiçekçi

מוכר פרחים

kuaför

ספר

kondüktör

כרטיסן

tamirci

מכונאי

kaptan

קברניט

dişçi

רופא שיניים

bilim insanı

מדען

haham

רב

imam

אימאם

keşiş

נזיר

rahip

כומר

aletler

כלי עבודה

penseler
צבת
çekiç
פטיש
tornavida
מברג
el feneri
פנס
İngiliz anahtarı
מפתח ברגים

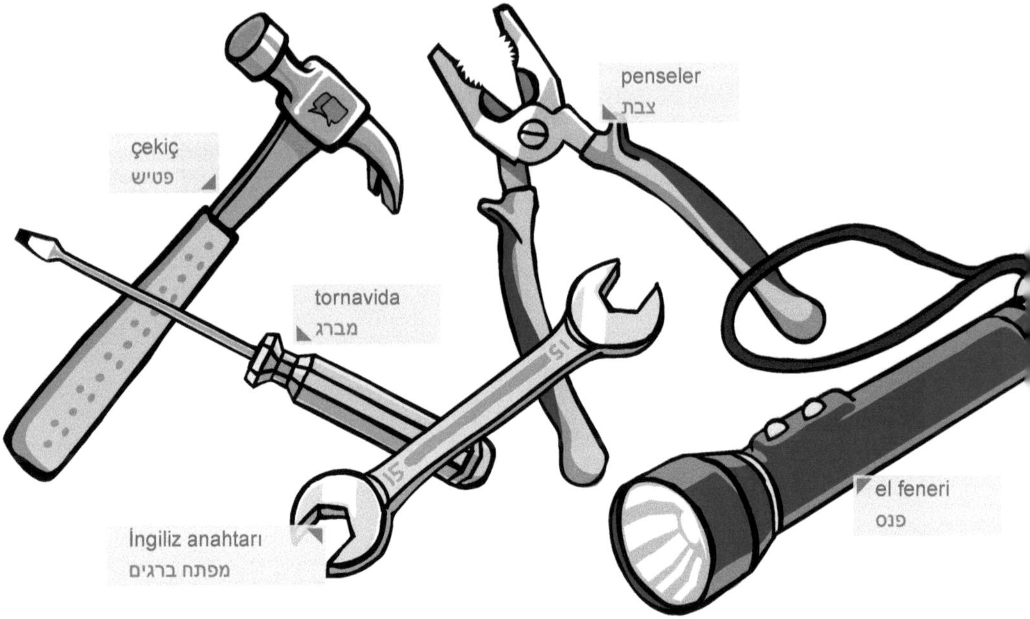

kazı makinesi

דחפור

alet çantası

ארגז כלים

merdiven

סולם

testere

מסור

çiviler

מסמרים

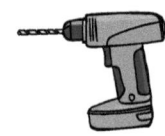

matkap

מקדחה

tamir etmek

תיקן

kürek

את חפירה

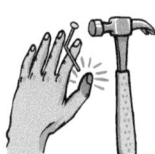

Kahretsin!

לעזאזל!

faraş

יעה

boya tenekesi

פח צבע

vidalar

ברגים

müzik enstrümanı

כלי נגינה

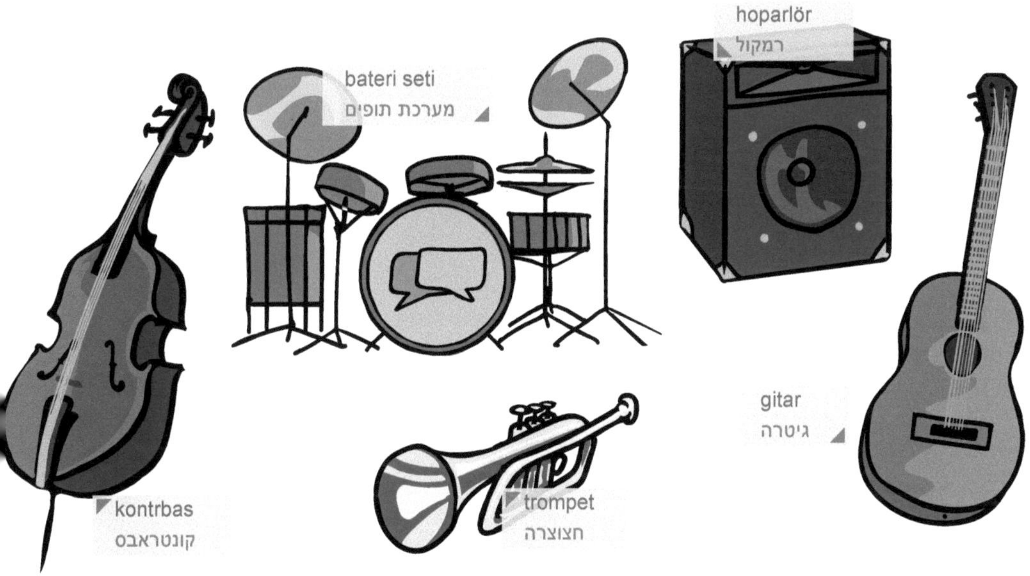

hoparlör
רמקול
bateri seti
מערכת תופים
gitar
גיטרה
kontrbas
קונטראבס
trompet
חצוצרה

piyano

פסנתר

keman

כינור

basgitar

בס

timpani

תוף הדוד

bateri

תופים

klavye

מקלדת פסנתר

saksafon

סקסופון

flüt

חליל

mikrofon

מיקרופון

hayvanat bahçesi

גן חיות

giriş
כניסה
kaplan
נמר
kafes
כלוב
zebra
זברה
hayvan yemi
מזון לחיות
panda
פנדה

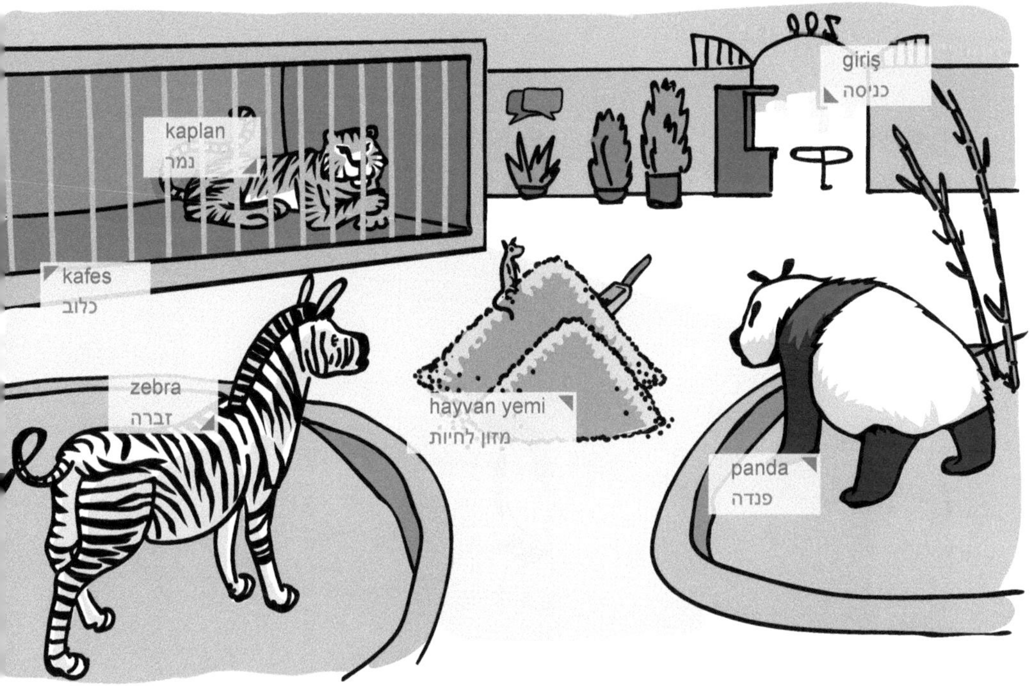

hayvanlar
בעלי חיים

fil
פיל

kanguru
קנגרו

gergedan
קרנף

goril
גורילה

ayı
דוב

deve

גמל

deve kuşu

יען

aslan

אריה

maymun

קוף

flamingo

פלמינגו

papağan

תוכי

kutup ayısı

דוב הקרח

penguen

פינגווין

köpek balığı

כריש

tavus kuşu

טווס

yılan

נחש

timsah

תנין

hayvanat bahçesi görevlisi

שומר גן החיות

fok

כלב ים

jaguar

יגואר

midilli atı

סוס פוני

leopar

לאופרד

su aygırı

היפופוטאם

zürafa

ג'ירפה

kartal

נשר

yaban domuzu

חזיר בר

balık

דג

kaplumbağa

צב

mors

סוס ים

tilki

שועל

ceylan

איילה

sporlar
ספורט

amerikan futbolu
פוטבול אמריקאי
bisiklete binme
רכיבת אופניים
tenis
טניס
basketbol
כדורסל
yüzme
שחיה
boks
אגרוף
buz hokeyi
הוקי

futbol

כדורגל

badminton

בדמינטון

atletizm

אתלטיקה

hentbol

כדור-יד

kayak

עשה סקי

polo

פולו

etkinlikler
פעילויות

gülmek
צחק
atlamak
קפץ
sarılmak
חיבק
yürümek
הלך
söylemek
שר
hayal etmek
חלם
dua etmek
התפלל
öpmek
נשק

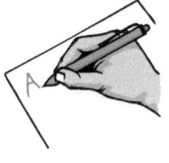

yazmak
כתב

çizmek
צייר

göstermek
הראה

itmek
דחף

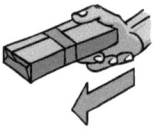

vermek
נתן

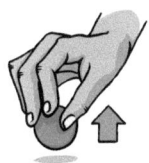

almak
לקח

sahip olmak

יש / להיות הבעלים

yapmak

עשה

olmak

היה

ayakta durmak

עמד

koşmak

רץ

çekmek

משך

atmak

זרק

düşmek

נפל

yalan söylemek

שכב

beklemek

חיכה

taşımak

סחב

oturmak

ישב

giyinmek

התלבש

uyumak

ישן

uyanmak

התעורר

bakmak

הסתכל ב-

ağlamak

בכה

vurmak

ליטף

taramak

סירק

konuşmak

דיבר

anlamak

הבין

sormak

שאל

dinlemek

שמע

içmek

שתה

yemek

אכל

düzenlemek

סידר

sevmek

אהב

pişirmek

בישל

sürmek

נהג

uçmak

עף

denize açılmak

שט

hesapla

חישב

okumak

קרא

öğrenmek

למד

çalışmak

עבד

evlenmek

התחתן

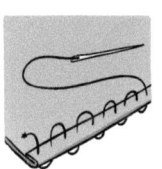

dikmek

תפר

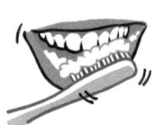

diş fırçalamak

ציחצח שיניים

öldürmek

הרג

sigara içmek

עישן

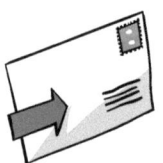

yollamak

שלח

aile

משפחה

büyükanne
סבתא
büyükbaba
סבא
baba
אבא
anne
אימא
bebek
תינוק
kız
בת
oğul
בן

misafir

אורח

teyze

דודה

amca

דוד

erkek kardeş

אח

kız kardeş

אחות

vücut

גוף

alın
מצח
göz
עין
omuz
כתף
parmak
אצבע
yüz
פנים
çene
סנטר
el
כף יד
göğüs
חזה
bacak
רגל
kol
זרוע

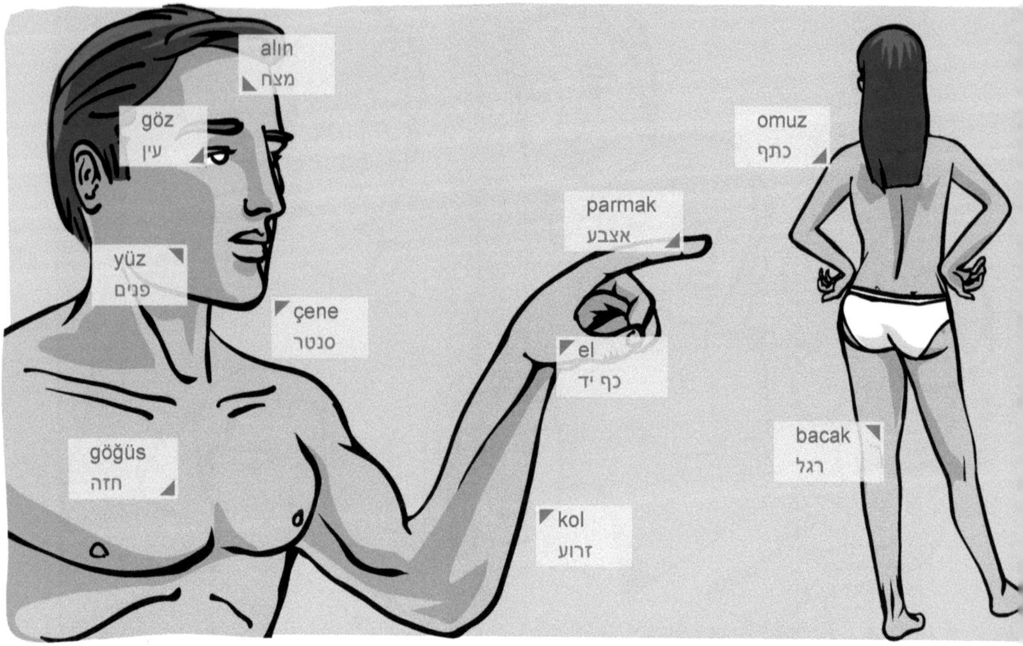

bebek
תינוק

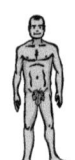

adam
איש

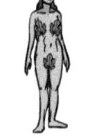

kadın
אישה

kız
ילדה

erkek çocuk
ילד

baş
ראש

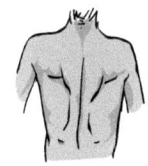

sırt

גב

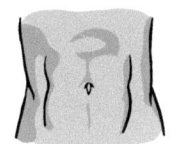

karın

בטן

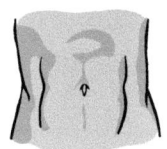

göbek

טבור

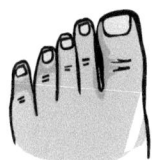

ayak parmağı

אצבע

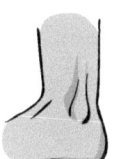

topuk

עקב

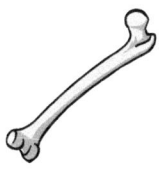

kemik

עצם

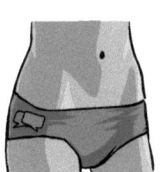

kalça

ירך

diz

ברך

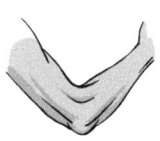

dirsek

מרפק

burun

אף

kalça

עכוז

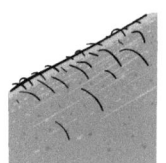

deri

עור

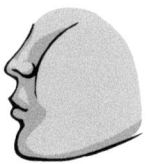

yanak

לחי

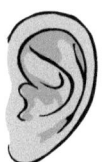

kulak

אוזן

dudak

שפתיים

ağız

פה

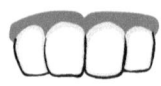

diş

שן

dil

לשון

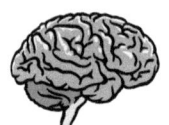

beyin

מוח

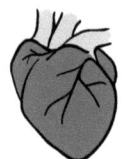

kalp

לב

kas

שריר

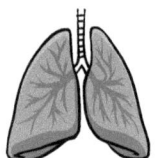

akciğer

ריאה

karaciğer

כבד

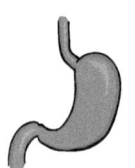

mide

קיבה

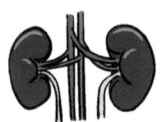

böbrekler

כליות

seks

מין

prezervatif

קונדום

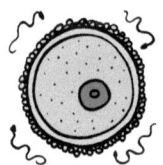

yumurtalık

ביצית

sperm

זרע

hamilelik

הריון

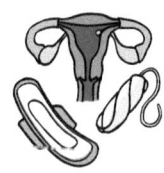

regl

ווסת

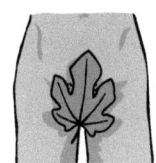

vajina

נרתיק

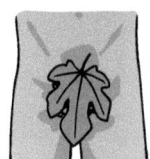

penis

פין

kaş

גבה

saç

שיער

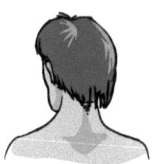

boyun

צוואר

hastane

בית חולים

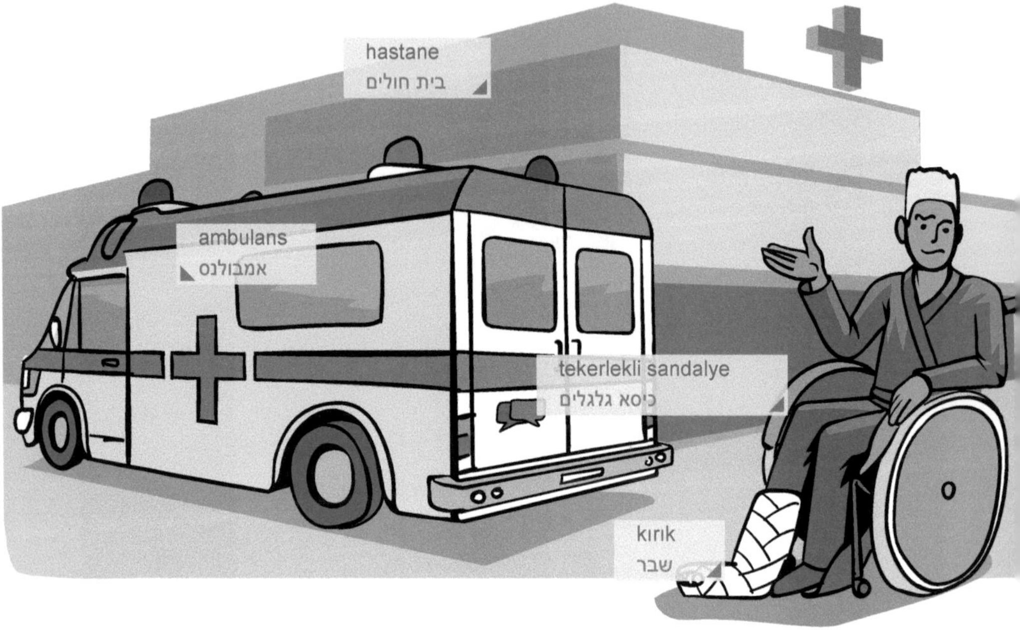

hastane
בית חולים
ambulans
אמבולנס
tekerlekli sandalye
כיסא גלגלים
kırık
שבר

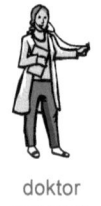

doktor

רופא

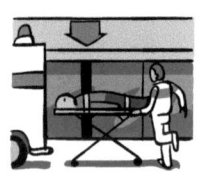

acil servis

חדר מיון

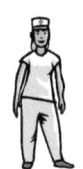

hemşire

אחות

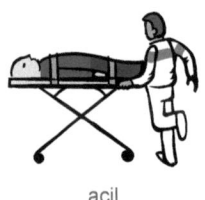

acil

חירום

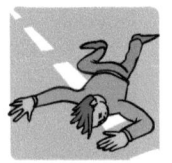

baygın

חסר הכרה

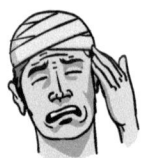

acı

כאב

yaralanma

פציעה

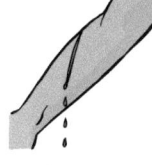

kanama

דימום

kalp krizi

התקף לב

felç

שבץ

alerji

אלרגיה

öksürük

שיעול

ateş

חום

grip

שפעת

ishal

שלשול

baş ağrısı

כאב ראש

kanser

סרטן

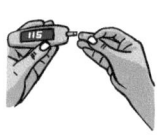

şeker hastalığı

סוכרת

cerrah

מנתח

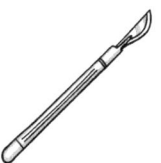

neşter

אזמל

operasyon

ניתוח

bilgisayarlı tomografi

סי-טי

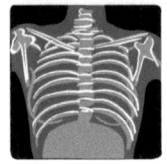

röntgen

רנטגן

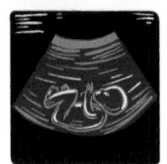

ultrason

אולטרסאונד

yüz maskesi

מסיכת פנים

hastalık

מחלה

bekleme odası

חדר המתנה

koltuk değneği

קבה

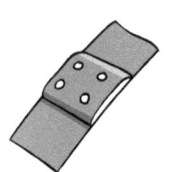

yara bandı

פלסטר

bandaj

תחבושת

enjeksiyon

זריקה

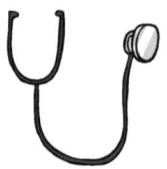

steteskop

סטטוסקופ

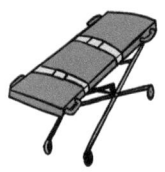

sedye

אלונקה

tıbbi termometre

מד חום

doğum

לידה

fazla kilo

עודף משקל

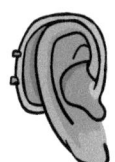

işitme cihazı

מכשיר שמיעה

dezenfektan

מחטא

enfeksiyon

זיהום

virüs

נגיף

HIV / AIDS

איידס

ilaç

תרופה

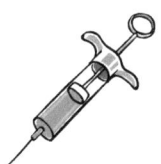

aşı

חיסון

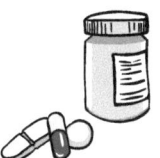

tablet

טבליות

hap

גלולה

acil çağrı

קריאת חירום

tansiyon aleti

מד לחץ דם

hasta / sağlıklı

חולה / בריא

acil

חירום

İmdat!

הצילו!

alarm

אזעקה

darp

פשיטה

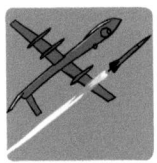

saldırı

תקיפה

tehlike

סכנה

acil çıkış

יציאת חירום

Yangın!

אש!

yangın tüpü

מטף כיבוי

kaza

תאונה

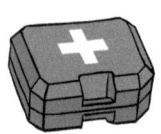

ilk yardım çantası

ערכת עזרה ראשונה

imdat

הצילו!

polis

משטרה

dünya
כדור הארץ

Avrupa

אירופה

Kuzey Amerika

צפון אמריקה

Güney amerika

דרום אמריקה

Afrika

אפריקה

Asya

אסיה

Avustralya

אוסטרליה

Atlantik

האוקיינוס האטלנטי

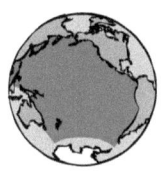

Pasifik

האוקיינוס השקט

Hint Okyanusu

האוקיינוס ההודי

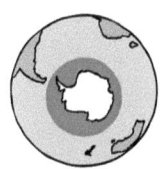

Antarktika Okyanusu

האוקיינוס האנטרקטי

Arktik Okyanusu

האוקיינוס הארקטי

Kuzey Kutbu

הקוטב הצפוני

Güney Kutbu

הקוטב הדרומי

Antarktika

אנטארקטיקה

dünya

כדור הארץ

kara

אדמה

deniz

ים

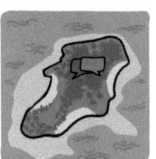

ada

אי

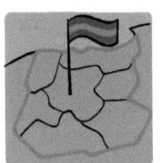

ulus

לאום

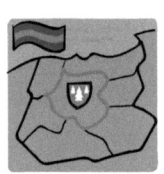

ülke

מדינה

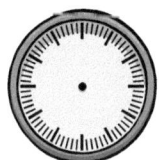

saat
שעון

kadran

פני השעון

akrep

מחוג השעות

yelkovan

מחוג הדקות

saniye ibresi

מחוג השניות

Saat kaç?

מה השעה?

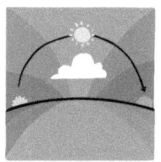

gün

יום

zaman

זמן

şimdi

עכשיו

dijital saat

שעון דיגיטלי

dakika

דקה

saat

שעה

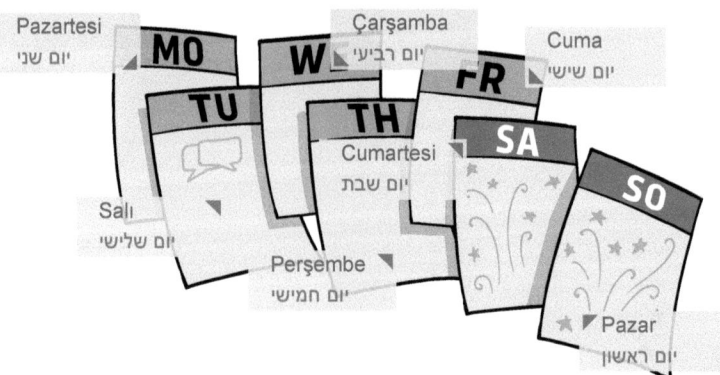

hafta

שבוע

Pazartesi
יום שני
MO
Çarşamba
יום רביעי
W
Cuma
יום שישי
FR
TU
TH
Cumartesi
יום שבת
SA
SO
Salı
יום שלישי
Perşembe
יום חמישי
Pazar
יום ראשון

dün

אתמול

bugün

היום

yarın

מחר

sabah

בוקר

öğle

צהריים

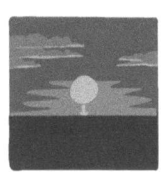

akşam

ערב

iş günleri

ימי עבודה

hafta sonu

סוף שבוע

yıl
שנה

yağmur
גשם
gökkuşağı
קשת בענן
rüzgar
רוח
kara
שלג
bahar
אביב
yaz
קיץ
sonbahar
סתיו
kış
חורף

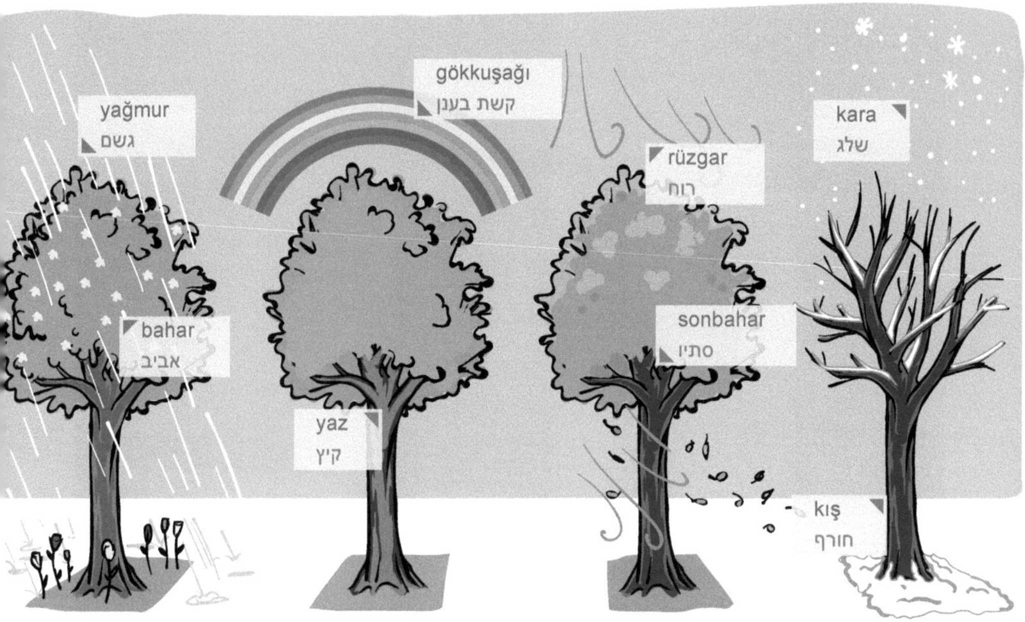

hava durumu tahmini

תחזית מזג האוויר

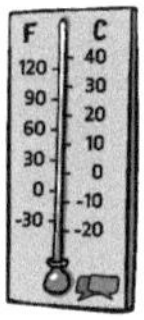

termometre

מד חום

güneş ışığı

אור שמש

bulut

ענן

sis

ערפל

nem

לחות

şimşek

ברק

gök gürültüsü

רעם

fırtına

סערה

dolu

ברד

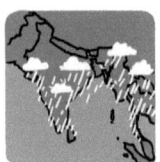

muson

רוח עונתי

sel

שיטפון

buz

קרח

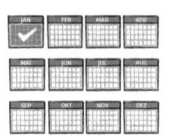

Ocak

ינואר

Şubat

פברואר

Mart

מרץ

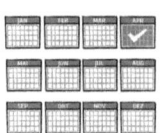

Nisan

אפריל

Mayıs

מאי

Haziran

יוני

Temmuz

יולי

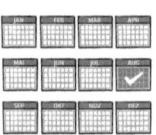

Ağustos

אוגוסט

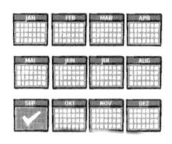

Eylül

ספטמבר

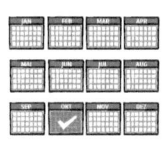

Ekim

אוקטובר

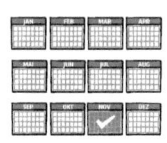

Kasım

נובמבר

Aralık

דצמבר

şekiller

צורות

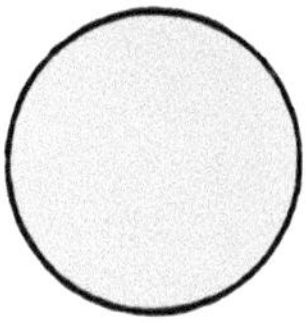

daire

עיגול

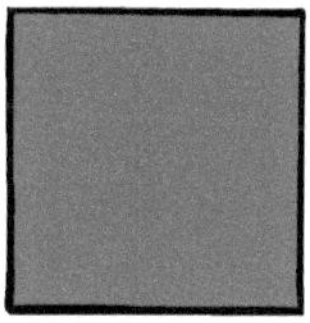

kare

מרובע

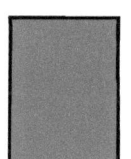

dikdörtgen

מלבן

üçgen

משולש

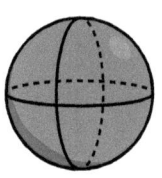

küre

כדור

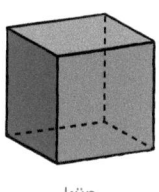

küp

קובייה

renkler

צבעים

beyaz

לבן

sarı

צהוב

turuncu

כתום

pembe

ורוד

kırmızı

אדום

mor

סגול

mavi

כחול

yeşil

ירוק

kahverengi

חום

gri

אפור

siyah

שחור

çok / az

הרבה / מעט

kızgın / sakin

כועס / רגוע

güzel / çirkin

יפה / מכוער

başlangıç / son

התחלה / סוף

büyük / küçük

גדול / קטן

parlak / karanlık

בהיר / כהה

erkek kardeş / kız kardeş

אח / אחות

temiz / kirli

נקי / מלוכלך

tamam / eksik

שלם / חלקי

gün / gece

יום /לילה

ölü / canlı

מת / חי

geniş / dar

רחב / צר

yenilebilir / yenilemez

אכיל / לא אכיל

kötü / iyi

רשע / טוב לב

heyecanlı / sıkılmış

מתרגש / משועמם

şişman / zayıf

שמן / רזה

ilk / son

ראשון / אחרון

dost / düşman

חבר / אויב

dolu / boş

מלא / ריק

sert / yumuşak

קשה / רך

ağır / hafif

כבד / קל

açlık / susuzluk

רעב / צמא

hasta / sağlıklı

חולה / בריא

yasa dışı / yasal

בלתי-חוקי / חוקי

zeki / aptal

נבון / טיפש

sol / sağ

שמאל / ימין

yakın / uzak

קרוב / רחוק

yeni / kullanılmış

חדש / משומש

hiçbir şey / bir şey

כלום / משהו

yaşlı / genç

זקן / צעיר

açma / kapama

פעיל / כבוי

açık / kapalı

פתוח / סגור

sessiz / gürültülü

שקט / רועש

zengin / fakir

עשיר / עני

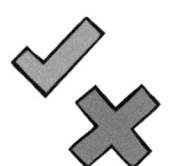

doğru / yanlış

נכון / שגוי

pürüzlü / düz

מחוספס / חלק

üzgün / mutlu

עצוב / שמח

kısa / uzun

קצר / ארוך

yavaş / hızlı

איטי / מהיר

ıslak / kuru

רטוב / יבש

sıcak / serin

חם / קר

savaş / barış

מלחמה / שלום

sayılar

מספרים

0	1	2
sıfır	bir	iki
אפס	אחת	שתיים
3	4	5
üç	dört	beş
שלוש	ארבע	חמש
6	7	8
altı	yedi	sekiz
שש	שבע	שמונה
9	10	11
dokuz	on	on bir
תשע	עשר	אחת-עשרה

12

on iki

שתים-עשרה

13

on üç

שלוש-עשרה

14

on dört

ארבע-עשרה

15

on beş

חמש-עשרה

16

on altı

שש-עשרה

17

on yedi

שבע-עשרה

18

on sekiz

שמונה-עשרה

19

on dokuz

תשע-עשרה

20

yirmi

עשרים

100

yüz

מאה

1.000

bin

אלף

1.000.000

milyon

מיליון

diller

שפות

İngilizce

אנגלית

Amerikan İngilizcesi

אנגלית אמריקאית

Çince (Mandarin)

סינית מנדרינית

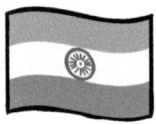

Hintçe

הודית

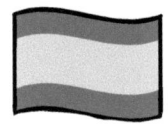

İspanyolca

ספרדית

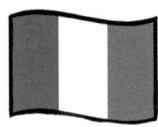

Fransızca

צרפתית

Arapça

ערבית

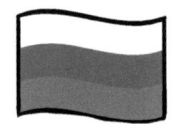

Rusça

רוסית

Portekizce

פורטוגזית

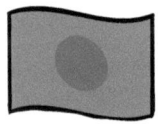

Bengalce

בנגלית

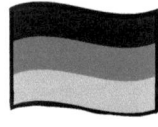

Almanca

גרמנית

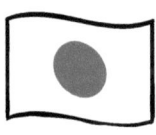

Japonca

יפנית

kim / ne / nasıl

מי / מה / איך

ben

אני

sen

אתה / את

o

הוא / היא / זה

biz

אנחנו

siz

אתם

onlar

הם

kim?

מי?

ne?

מה?

nasıl?

איך?

nerede?

איפה?

ne zaman?

מתי?

isim

שם

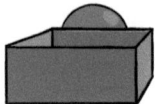

nerede

איפה

arkasında

מאחור

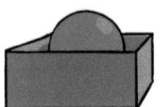

içinde

בתוך

önünde

לפני

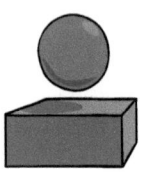

üzerinde

מעל

üstünde

על

altında

מתחת

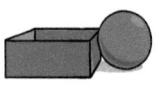

yanında

ליד

arasında

בין

yer

מקום